Inhalt

Moderne Budgetierung - wichtige Entscheidungshilfe statt Zahlenfriedhof

Kernthesen

Beitrag

Fallbeispiele

Weiterführende Literatur

Impressum

Moderne Budgetierung - wichtige Entscheidungshilfe statt Zahlenfriedhof

Robert Reuter

Kernthesen

- Die Erstellung von Budgets ist eine Kernaufgabe des Controllings.
- In vielen Unternehmen wird der Wert einer guten Finanzplanung für das Management nicht wahrgenommen.
- Daran ist das Controlling oft selbst schuld, etwa wenn es lediglich Zahlenfriedhöfe produziert, die nur die Vergangenheit fortschreiben und die darum ungelesen im Mülleimer verschwinden.
- Eine anspruchsvolle Budgetierung hingegen

kann der Unternehmensleitung eine sehr hilfreiche Grundlage dafür sein, die richtigen Entscheidungen zu treffen.

Beitrag

Entscheidungshilfen für das Management

Budgetierung ist die Finanzplanung für eine bevorstehende Periode. Der Controller stellt hierbei zahlengestützte Prognosen etwa für die zu erwartenden Umsätze, die Kostenentwicklung, den Cash Flow und das Unternehmenswachstum auf. In seinem Selbstverständnis als Partner der Geschäftsleitung gibt der Controller dem Top-Management mit der Budgetierung eine Planung an die Hand, mit deren Hilfe die Unternehmensführung in die Lage versetzt wird, sowohl operativ als auch strategisch fundierte Entscheidungen treffen zu können. Der Prozess der periodischen Planung und Budgetierung ist damit ein wirksames Instrument zur Unterstützung des Managements bei der Erreichung der unternehmerischen Ziele. Andererseits benötigen viele Unternehmen eine nachvollziehbare und realistische Planung, um von Banken überhaupt

Kredite zu bekommen.

Die Planung kann auf verschiedenen Wegen erfolgen. Dies ist zum einen die Blockplanung, bei der die Prognose einmal festgelegt und erst durch eine neue Budgetprognose abgelöst wird. Anders verhält es sich bei der rollierenden Budgetierung, die auch als gleitende Planung bezeichnet wird. Hierbei passt der Controller die Prognose nach kürzeren Zeitabständen immer wieder der neuen Wirklichkeit an. Die rollierende Budgetierung ist damit eine fast permanent vorgenommene Abgleichung der Finanzprognosen mit dem tatsächlichen Ist-Zustand. (7)

Überbordende Zahlenkolonnen erschweren die Verwendung

In der unternehmerischen Praxis besteht für eine moderne Budgetierung im oben skizzierten Sinne jedoch häufig Nachholbedarf. Oftmals besteht die Budgetplanung aus endlosen Zahlenkolonnen, die vom Management schon ihrer Unzugänglichkeit wegen ignoriert werden. Ein Grundfehler hierbei ist es, dass Ist-Zahlen und Prognosen erst dann in ihrer Wechselbeziehung durchgerechnet werden, wenn die prognostizierte Zahl erreicht oder nicht erreicht wurde. Eine Abweichungsanalyse bildet dann oft das

Ende der Budgetierung, ohne dass hieraus Folgerungen für die Festlegung der nächsten Zielgrößen gezogen werden. Eine konsistente Budgetierung sollte die wesentlichen Treiber und Stellgrößen, die zur Steuerung des Unternehmens wichtig sind, jedoch nicht erst rückblickend eruieren, sondern sie schon in die Prognose miteinbeziehen. Verzichten darf das Controlling stattdessen auf die vielerorts übliche Darstellung in hochfeinen und detaillierten Zahlen, die vom Management schon mengenmäßig gar nicht mehr aufgenommen werden können. (4)

Todsünden der Budgetierung

All zu oft stellt sich am Jahresende heraus, dass die Planung (wieder einmal) nicht gestimmt hat. Dies hat meist gleich mehrere Gründe, die darum als die Todsünden einer modernen Budgetierung beschrieben werden. So ist beispielsweise festzustellen, dass die Prognosen häufig ohne Ernst erstellt werden und sie darüber hinaus von den Unternehmen selbst lediglich als bürokratisches Übel empfunden werden. Nicht selten ist die Planung dann eine nur beiläufig erstellte Zahlenzusammenstellung, die ausschließlich dem Zweck dient, die Ansprüche der Hausbank zufriedenzustellen.

Ein weiteres Hindernis für ein konsistentes Budget ist

die zu geringe Einbindung des Controllings in das operative Geschäft. Hieraus resultiert, dass das Controlling von wichtigen Informationen abgeschnitten bleibt und darum mit Zahlen aus dem luftleeren Raum operieren muss. Das Gleiche gilt für Budgetgespräche, bei denen der Controller oft ebenfalls außen vor bleibt.

Ferner kranken viele Budgets an einem Mangel geistiger Beschäftigung ihrer Urheber mit der Zukunft. Statt sich Gedanken über das Kommende zu machen, wird darum einfach nur die Vergangenheit fortgeschrieben. Ein Controlling, das mehr produzieren will als ungelesene Excel-Dateien, muss sich hingegen selbst darum kümmern, jene Zahlen in Erfahrung zu bringen, die für eine stichhaltige Zukunftsprognose wichtig sind.

Schlussendlich stellt das Controlling den Wert seiner Budgetierung selbst in Frage, wenn es den später zu konstatierenden Abweichungen zu wenig Beachtung schenkt. Dies kann auch an einer überholten Planungsmethodik liegen, die darum jedes Jahr neu auf den Prüfstand gestellt werden sollte. All diese Unzulänglichkeiten zeigen, dass es das Controlling zu einem beträchtlichen Anteil selbst in der Hand hat, ob es Zahlenfriedhöfe produzieren oder ob es mit dem Budget ein effektives Steuerungsinstrument für die Unternehmensleitung schaffen will. (3), (6)

Trends

Weiterentwicklung in den Unternehmen

Eine aktuelle Untersuchung hat den hohen Wert des Controllings auch für die Widerstandsfähigkeit von Unternehmen gegenüber Krisen festgestellt. Viele Unternehmen, die in eine existenzbedrohende Schieflage geraten, haben demnach ein unzureichendes Controlling. Dieser eigentlich positive Befund weist dem Controlling jedoch andererseits eine zunehmende Verantwortung zu. Hieraus resultiert die Aufgabe für die Controller, auch selbst darüber nachzudenken, wie ihre Arbeit am besten für das Unternehmen eingesetzt werden sollte und was sie dafür leisten müssen, um das Management wirkungsvoll zu unterstützen. (5)

Volatilität erreicht das Controlling

Hohe Volatilität, das heißt schnelle Veränderung auf den Märkten, bei Kundenwünschen und bei den allgemeinen Rahmenbedingungen sind in erster Linie Gegebenheiten, mit denen heutige Geschäftsleitungen zu tun haben. Die erfolgreiche

Bewältigung von Komplexität ist aber zugleich immer mehr eine Aufgabe auch für das Controlling. Seine Aufgabe ist es, auch widersprüchliche Daten so zu rationalisieren, dass sie vom Management als klare Handlungsempfehlungen gehandhabt werden können. In der Fachpresse ist hierfür gerade der Begriff Triple-A-Controlling en vogue. (8)

Fallbeispiele

Bayer MaterialScience setzt auf moderne Budgetierung

Das Bayer-Tochterunternehmen Bayer MaterialScience hat den hohen Stellenwert einer konsistenten Budgetierung erkannt und sein Controlling dementsprechend ausgestaltet. Ausgelöst durch die hohe Volatilität des Marktgeschehens kam man zu der Überzeugung, dass eine inhaltsreiche und griffige Planung der Geschäftsleitung wichtige Steuerungsinformationen an die Hand gibt, die dem Unternehmenserfolg nur zuträglich sein können. Basis für die langfristige Unternehmenssteuerung ist die strategische Planung mit einem Horizont von zehn Jahren, die von den Controllern rollierend, das heißt in gleitendem Bezug zum Ist-Zustand vorgenommen wird. Anders als bei anderen Unternehmen sind Werttreiber wie Währungskurse, Rohstoffkosten, Inflation und anderes in die Budgetprognose eingerechnet. Besonderen Stellenwert bei der Budgetierung hat die Simulation von möglichen Marktszenarien. (1)

Effiziente Steuerung von Marketingbudgets

Marketingbudgets sind in vielen Unternehmen historisch begründet und werden nicht dem Controlling unterzogen. Vor dem Hintergrund des überall herrschenden Wettbewerbs- und Kostendrucks sollte jedoch auch die Effizienz von Marketingmaßnahmen auf den Prüfstand gestellt werden. Basis für ein wirksames Marketing-Controlling ist die Definition fester Marketingziele und die enge Verzahnung mit dem Vertrieb. Nachholbedarf besteht insbesondere bei der Effizienzmessung strategischer Marketingaktionen, während für die Zielmessung des operativen Marketings bereits etliche Tools vorhanden sind. (2)

Weiterführende Literatur

(1) Moderne Budgetierung: Dynamische

Unternehmenssteuerung am Beispiel von Bayer MaterialScience von Alexander Becker, Jörg Leyk und Lars Riemer
aus CONTROLLER Magazin, Heft 4/2013, S. 55-61

(2) Wie man Marketingbudgets effizienter steuert
aus Bank und Markt 07 vom 01.07.2013 Seite 035

(3) Der Controller als Managementpartner durch bewusstes Verhandeln im Budgetierungsprozess von Avo Schönbohm und Jacobus van Vliet
aus CONTROLLER Magazin, Heft 3/2013, S. 10-14

(4) Anspruch und Wirklichkeit bei der Unternehmensplanung von Steffen Rohr und Torsten Röhner
aus CONTROLLER Magazin, Heft 3/2013, S. 86-89

(5) Weiterentwicklung des Controllings - unternehmensspezifisch ausgerichtet von Alexander Großhäuser, Hartmut Ibershof f, Thilo Knuppertz, Carsten Padberg, Heinz Schlagner und Dieter Wäscher
aus CONTROLLER Magazin, Heft 2/2013, S. 68-73

(6) Die "7 Sünden" der Budgetierung von Günter Lubos
aus CONTROLLER Magazin, Heft 6/2012, S. 91-91

(7) Zeit zur Durchführung der Jahresplanung und -budgetierung
aus CONTROLLER Magazin, Heft 6/2012, S. 44-45

(8) Triple A Controlling - Die
Unternehmenssteuerung
aus CONTROLLER Magazin, Heft 5/2012, S. 4-9

Impressum

Moderne Budgetierung - wichtige Entscheidungshilfe statt Zahlenfriedhof

Bibliografische Information der deutschen Nationalbibliothek

Die Deutsche Nationalbibliothek verzeichnet diese Publikation in der deutschen Nationalbibliografie; detaillierte bibliografische Daten sind im Internet über http://dnb.d-nb.de abrufbar.

ISBN: 978-3-7379-0118-5

© 2015 GBI-Genios Deutsche Wirtschaftsdatenbank GmbH, Freischützstraße 96, 81927 München, www.genios.de

Alle Rechte vorbehalten. Dieses Werk ist einschließlich aller seiner Teile – z.B. Texte, Tabellen und Grafiken - urheberrechtlich geschützt. Jede Verwertung außerhalb der Grenzen des Urheberrechtsgesetzes bedarf der vorherigen Zustimmung des Verlags. Dies gilt insbesondere auch für auszugsweise Nachdrucke, fotomechanische

Vervielfältigungen (Fotokopie/Mikroskopie), Übersetzungen, Auswertungen durch Datenbanken oder ähnliche Einrichtungen und die Einspeicherung und Verarbeitung in elektronischen Systemen.